LETTRE

A M. THIERS,

SUR

SON PROJET DE FORTIFICATION,

PAR LE Cte DE BEAUMONT-ROCHEMURE,

Électeur du 6me arrondissement de Paris.

———

A PARIS,

CHEZ BOHAIRE, BOULEVART DES ITALIENS.

——

1841

LETTRE

A M. THIERS,

SUR

SON PROJET DE FORTIFICATION,

PAR LE C^{TE} DE BEAUMONT-ROCHEMURE,

Électeur du 6me arrondissement de Paris.

A PARIS,

CHEZ BOHAIRE, BOULEVART DES ITALIENS.

—

1841

Le Christ avait paru sur la terre ! L'esclavage n'était plus ; mais la liberté n'était pas : Spartacus avait brisé sa chaîne ; il n'avait conquis que son glaive ! De la guerre à la servitude, de la servitude à la guerre, telles étaient, au moyen âge, les alternatives de l'enceinte bastionnée du genre humain !

A son tour, M. Guizot est venu, non d'en haut, mais de sa chaire. Il tenait, dans un pli de sa robe, la véritable vérité. C'était une abstraction cadavéreuse, à l'instar des hiéroglyphes chargés de révéler la mort. La véritable vérité, c'était *la paix partout ! la paix toujours !* Elle résonnait ces mots : *Courbez-vous, quoi qu'il arrive !* Moïse s'est dressé dans sa tombe ; la France a mis la main sur son épée.

Enfin, M. Thiers s'est levé à l'occident, en faisant miroiter sa vérité à plusieurs usages. C'est un appareil à deux fins ; c'est la *Paix armée* qui reflète en même temps la paix et la guerre, et résonne ces mots : *Courbez-vous ; mais portez la tête haute !* Le progrès est palpable : Moïse n'avait découvert la paix que dans l'esclavage ; le Christ nous a montré la paix dans la liberté ; M. Guizot a découvert la paix dans la honte ; M. Thiers nous apporte la paix par dessus ou par dessous la guerre, au choix.

Ainsi, grâce à M. Thiers, les alternatives de la paix ou de la guerre sont désormais impossibles ; le genre humain peut respirer. Spartacus fera fondre sa chaîne et son glaive pour offrir une médaille au grand révélateur. M. Thiers a d'ailleurs compris qu'il était temps de sortir de l'abstraction. Son appareil à double face est formé d'une pensée politique doublée de castramétation, et d'une pensée de castramétation doublée de politique. De ces reflets équivoques, il est résulté une apparence équivoque. Machiavel a souri dans sa tombe ; la France a froncé le sourcil.

La Chambre de 1841 a voulu s'enquérir de l'éternelle vérité ; mais elle a interrogé l'apparence équivoque, elle a obtenu des réponses équivoques, au moyen desquelles elle a donné un quasi corps à la pensée quasi pacifique et quasi belliqueuse de M. Thiers. Celui-ci a souri dans sa barbe olympienne ; la France n'a compris ni la Chambre, ni la loi.

Dans l'intérêt de mon pays, je crois devoir m'adresser à M. Thiers lui-même, non pour découvrir le miracle qui l'a fait homme, mais pour savoir comment il s'est fait dieu. La Chambre a cru devoir interroger la pensée doublée ; j'interrogerai la doublure.

LETTRE A M. THIERS,

SUR SON PROJET DE FORTIFICATION.

Monsieur,

Si l'on demandait encore ce que vous avez fait de la chose publique remise entre vos mains, vous pouvez répondre que , le 1er février 1841, vous avez vaincu l'intelligence de ses représentans. Peut-être, vos canons aidant, le peuple d'alors vous suivra-t-il au Capitole; mais, pour le moment, je ne vois guère que vos auxiliaires carthaginois qui soient prêts à rendre grâce aux dieux. L'enivrement patriotique du 1er février a jeté le reste de vos troupes, c'est-à-dire la phalange des aveugles, dans un état de malaise qui prouve que la vérité commence à se faire jour par les oreilles. Vous-même, monsieur, qui déjà portez, par-dessus vos lauriers de bureau, la couronne métis de la paix et de la guerre, celle de la paix armée, que vous a valu le désordre du 1er février, vous savez bien que cet étonnant symbole peut encore se détacher du front non moins étonnant que vous a donné la Providence. Quant à nous, qui n'arrivons point de Carthage, et qui avons les yeux ouverts, nous rougissons plus que jamais de la sollicitude couarde et belliqueuse à contre-sens qui se tourne vers un point central de la France, parce que l'étranger lui défend de remarquer nos frontières démantelées, et qui, avant de fortifier ce point central de la France, se retourne (*) vers l'étranger pour lui révéler la mystérieuse vertu de la robe de Nessus.

Mais la Chambre des Pairs approche ; sa sagesse, j'en ai l'intime conviction, fera disparaître les vestiges de votre victoire : elle prendra parti contre vous, vos aveugles, vos Carthaginois et vos alliés du dehors, avec la France et le sens commun. Vous trouverez bon que je lui prépare la voie.

Ceux qui repoussent d'une manière absolue l'idée d'entourer Paris d'ouvrages permanens ne doivent pas oublier que, tué sur place à son apparition première, votre système a pu renaître à l'aide de quelques changemens dans les moyens d'exécution. Ses adversaires relatifs ne combattent que les moyens d'exécution ; et comme, d'une part, ils sont d'humeur accommodante ; que, de l'autre, les moyens d'exécution peuvent varier à l'infini, il n'y a pas de raison, s'il n'est frappé dans

(*) M. Guizot, Séance du 26 février.

son principe, pour que votre projet disparaisse sans retour.

Son principe est un, mais sa constitution est double; il a deux buts : l'un, grandiose comme la France, et que vous montrez à tort, car il est illusoire ; l'autre, hideux comme le crime, et que vous cachez avec raison, car il est réel. Le premier, c'est la conservation de notre nationalité, dans un cas donné, et au moyen de la conservation de Paris ; le second, c'est la destruction de notre liberté, dans un cas prévu, et au moyen de la destruction de Paris.

Ne croyez pas, monsieur, que je vienne, après tant d'autres, demander des argumens à votre but secret ; ce serait recommencer une discussion sans issue logique ; ce serait replacer la difficulté sur un terrain que vous pouvez faire couler par une simple négociation : je viens au contraire porter secours à votre but honteux, non vraiment pour le légitimer, mais pour le mettre hors du débat, pour le replacer dans les ténèbres qui lui conviennent. Si plus tard, et par l'effet de mon intervention officieuse, il se trouvait à découvert, s'il devenait visible et palpable, vous pourriez refaire son enveloppe continue par une négation relative, à laquelle je me soumets d'avance, car elle ne porterait atteinte qu'à ma dextérité. Ne voyez-vous pas que, supprimé par une simple négation, votre but secret est resté pour tout le monde une cause d'embarras? Vous d'abord, vous avez été contraint de raisonner dans une hypothèse en vue d'un intérêt contraire; vous avez parlé pour le bien en faveur du mal : de là ces disparates qui ont mis à la torture l'intelligence des aveugles ; de là des concessions et des résistances qui se conciliaient merveilleusement avec votre but réel, mais que ne pouvait expliquer votre but prétendu. Si on l'eût demandé, vous eussiez donné votre enceinte continue et vos forts détachés pour une enceinte détachée et des forts continus. Au besoin vous eussiez sacrifié l'enceinte; ce qu'il vous fallait à tout prix, c'était un ouvrage quelconque réunissant le double avantage de *la continuité* et de *la permanence*. Un système de défense qui aurait joint au mérite de la continuité la faculté de mettre en batterie le double de vos bouches à feu, eût été repoussé par vous s'il n'avait eu, en outre, le mérite de la permanence. Un fait acquis à l'histoire de ce grand débat; un fait reconnu par tous ceux qui observent sans mettre leur intelligence au service d'un intérêt ; un fait avoué par l'une des pièces de votre armure, *le Siècle* (30 janvier), c'est que, parmi vos adhérens, il n'est pas une seule conscience qui ait cédé à l'action exclusive de la logique ; partout, le caractère équivoque de votre projet a retardé les convictions; partout on s'est préoccupé de votre but secret ; partout, vos argumens *capiteux* ont dû venir en aide à votre castramétation politique. Écoutez les mots résonnés par *le Siècle*, le 30 janvier : *...Projet obscur, où le cœur a besoin souvent de venir au secours de l'intelligence.* Supprimez l'adverbe, qui est là pour pallier l'outrecuidance d'un meuble qui ose dire la vérité à son propriétaire, et l'aveu du *Siècle* est aussi absolu que mon assertion. Je n'entends pas me prévaloir de l'accueil fait à votre chef-d'œuvre de législation en partie double ; mais il est certain que cette répulsion anticipée suffirait à prouver que l'étrangeté de la surface a ses racines ailleurs. Le chef-d'œuvre de législation en partie double, qui doit assurer l'éternelle durée de notre unité politique, a commencé par porter le trouble dans les consciences, dans les partis et jusque dans les conseils du gouvernement. Sorti d'une intelligence supérieure, et promettant à tous ce que tous désirent, il n'a trouvé d'approbation sans réserve que dans l'intelligence qui l'a conçu ; ses plus chauds partisans veulent l'appliquer à l'envers ; hors de là on le tolère ou on le repousse. Quel a été son sort à la Chambre, là où l'importance de la question lui défendait de pénétrer si les suffrages d'une imposante majorité ne lui étaient assurés d'avance ? Pensez-vous qu'il n'ait soulevé qu'une discussion de forme explicable par les exigences de notre droit public ? Nous l'avons vu pendant dix jours au banc des accusés, ne trouvant, pour appuyer vos dénégations, d'autre expédient que de précipiter ses juges, quatre ou cinq cents juges politiques, dans une piscine de questions militaires, piscine dotée par votre ange gardien d'un reflet tricolore, et du fond de laquelle les juges politiques sont revenus les mains vides, par la raison fort simple qu'ils avaient plongé sans compétence. Un axiome populaire exigeait tout au moins un complément d'instruction; mais des noms illustres ont imposé silence à la sagesse des nations: la Chambre a cru que Napoléon et Vauban protégeaient votre projet de loi; et comme elle ne pouvait sortir logiquement d'un cercle qui pour elle était sans issue logique, elle s'est échappée, avec *le Siècle*, par la tangente du sentiment; on a crié: Vive la nation quand même!.. et la lumière était faite! Un vœu en faveur de notre nationalité est devenu un vote en faveur de votre projet de loi. Voilà, monsieur, à quoi se réduit votre victoire du 1er février. Pourquoi ce désordre? Parce que, d'une part, votre négation, la négation de la vérité, n'est pas défendable par des moyens logiques; parce que, en second lieu, nonobstant vos dénégations et le prestige des noms cités, la Chambre a compris que votre appareil militaire pouvait cacher un piége politique. Elle s'est dévouée aux ridicules de l'incompétence, dans l'espoir de découvrir des embûches qui, à raison de leur nature politique, échappaient également à la compétence du pouvoir militaire. Vous-même, monsieur, vous le sauveur éventuel de notre nationalité, quelle figure était la vôtre pendant cette scène déplorable? Aviez-vous quelque chose du glorieux dilapidateur qui soldait ses comptes en lauriers? Vous aviez quelque chose du commerçant politique qui a fait faillite au sens commun, et auquel on dit en face que sa faillite est frauduleuse.

Et pourtant la victoire vous est restée! Pourquoi? Vous le savez, puisque vous défendiez en personne l'édifice insidieux que votre savoir-faire a fondé sur l'amour de la patrie : la base sentimentale a protégé l'édifice; c'est à l'équivoque pensée assise sur le faîte qu'on a porté les plus rudes coups. En cela votre but secret vous a été utile, car il attirait nos efforts sur un point qui, je le répète, peut être défendu par une simple négation; mais nous qui tenons pour mauvaise toute pensée qui se cache dans les nuages ; nous qui donnons au besoin notre vie au sentiment que vous exploitez, mais qui n'avons pas l'habitude de déléguer à notre cœur les fonctions de notre intelligence; nous, enfin, qui repoussons comme absurde ou perfide toute combinaison qui conduit également au bien et au mal, nous ne devions pas, pour le seul avantage de signaler un mal que les aveugles prétendent atténuer, nous heurter à votre négation, c'est-à-dire à un obstacle qu'on ne pourrait renverser directement qu'en prouvant, ce qui n'est donné à personne, que notre propre allégation est absurde. Nous devions nous emparer de vos pensées avouées, c'est-à-dire des considérations qui vous servent de base et de votre système de défense, pour savoir si, du point de vue où vous vous dites placé et au moyen de votre échafaudage belliqueux, on peut atteindre le but tutélaire que vous indiquez. Sur ce terrain, vous perdiez l'avantage que vous a valu votre négation intéressée : si votre combinaison tutélaire était reconnue absurde, nous pouvions opposer à une négation dénuée de preuves une négation prouvée par l'absurdité de votre affirmation. L'échafaudage prétendu tutélaire croulait à son tour et mettait l'autre en évidence. Cette tâche, je l'accomplirai devant vous, en opposant aux mirages de votre éloquence et à l'éblouissant éclat de vos citations, des argumens pris dans la nature des choses et dans les plus humbles préceptes de la logique.

Je commencerai par démanteler votre système au point de vue du sens commun ; si vous ne jugez pas à propos de le réédifier au point de vue de la fraude, j'accomplirai encore cette tâche de manière, je le crois, à ne vous laisser rien à dire. Pour le moment, j'admets la chasteté de votre intention : vous n'avez qu'un but, ce but est loyal, et vous avez marché logiquement à ce but unique et loyal. Cela est fort bien ; mais d'où êtes-vous parti ? En partant d'une donnée absurde, et en procédant logiquement, on arrive logiquement à une absurdité. Dans ce cas votre édifice disparaîtrait au point de vue du sens commun ; mais il deviendrait visible au point de vue de la fraude ; car un homme comme vous ne peut se fourvoyer par maladresse : vous auriez marché droit, non à la défense de votre nationalité, dans un cas donné, mais à la destruction de Paris, dans un cas prévu.

Voici votre donnée fondamentale ; c'est un syllogisme en règle :

La nationalité de la France doit être défendue à tout prix : or, le gouvernement porte, de moitié avec son siége, la nationalité de la France ; donc, Paris doit être fortifié pour mettre le gouvernement et son siége à l'abri des éventualités d'une invasion.

C'est bien là le syllogisme patriotique sur lequel repose votre appareil belliqueux. La majeure est noble ; tous les Français qui ont du sang au service de la patrie sont rangés sous cette bannière. La majeure exceptée, votre syllogisme est absurde.

Votre mineure est absurde, parce que vous admettez que le gouvernement porte, de compte à demi avec son siége, la nationalité de trente-cinq millions d'individus.

Votre conséquence est absurde à double titre : premièrement, parce que vous admettez qu'en présence de l'ennemi, le gouvernement doit se renfermer dans son siége ; secondement, parce que vous admettez que le siége actuel du gouvernement peut devenir une forteresse imprenable.

Ces questions préjudicielles, vous les avez résolues affirmativement dans votre for intérieur : vous n'avez pas craint, pour arriver sans encombre à votre but, de transformer en axiomes incontestables des paradoxes dont l'un ne peut être défendu en dehors de l'enceinte continue de Charenton. Vous répondrez, et je le reconnais, que ces questions préjudicielles ont été portées à la tribune ; mais elles y ont été portées malgré vous, incidemment, comme objection, et par la seule intelligence des orateurs. Si la seconde eût fait l'objet d'un vote, votre captieuse proposition n'existerait plus.

Votre premier axiome, qui incarne une moitié de notre nationalité dans la personne de ses représentans, et enterre l'autre moitié dans le sol de la capitale, est absurde en droit et en fait ; mais il a pour lui deux souvenirs néfastes : je l'admets comme hypothèse, parce que en ce moment je n'ai pas besoin de son absurdité.

Votre deuxième axiome, qui tend à mettre le gouvernement en chartre privée à l'approche de l'ennemi, est la plus colossale des absurdités politiques. Cet axiome inconcevable ne peut avoir pour lui qu'un but secret , ou, comme je l'ai dit, une intelligence sans momens lucides.

Votre troisième axiome, qui suppose que Paris peut devenir imprenable, est une absurdité militaire de l'ordre le plus élevé. Ledit axiome ne peut avoir pour lui qu'une capacité intermittente.

Voyons d'abord la plus colossale des absurdités politiques. Votre for intérieur voudra bien admettre qu'aux avantages de la clôture seront attachés les inconvéniens de l'investissement et du blocus. Je ne parle pas des dangers du siége; la question n'est pas là. Je vous ferai remarquer, en second lieu, que vous ne pouvez répudier les inconvéniens de l'investissement et du blocus, sans démolir de vos mains l'abri muré que vous offrez au gouvernement; il est évident que si le gouvernement doit s'éloigner à l'approche de l'ennemi, Paris ne doit être défendu qu'au point de vue militaire. Je demanderai ensuite, à vous, monsieur, qui avez été premier ministre et qui sans doute le serez bientôt, où réside le gouvernement à renfermer pour notre utilité publique : réside-t-il dans les personnes chargées de faire la loi, ou dans la personne royale chargée de la faire exécuter, ou dans les personnes chargées de l'exécution directe?

Si précieux que soit un pouvoir abstrait, la France peut, sans forteresse nouvelle et sans forteresse aucune, le mettre à l'abri des éventualités d'une invasion. Je suppose qu'il s'agit ici de l'action législative des chambres et du roi, de l'action exécutive de la couronne et de l'action purement gouvernementale des ministres. Est-là ce que vous voulez renfermer dans l'intérêt de notre nationalité ? Je reconnais que le pouvoir législatif peut fonctionner utilement sous le canon de l'étranger : en serait-il de même sous le canon du pouvoir exécutif ? Je le nie, mais je l'admets, parce que la difficulté est plus saillante ailleurs. Que le pouvoir législatif soit libre ou emprisonné, son œuvre, dans tous les cas, doit être vérifiée par l'une de ses branches, par la couronne à laquelle est inhérente le pouvoir d'exécution. S'il arrive que le pouvoir d'exécution soit emprisonné à titre de législateur, les points placés en dehors de la prison resteront, s'ils le peuvent ou s'ils le veulent, sous l'empire des lois antérieures à l'emprisonnement ; mais, pour eux, fût-elle une mesure de salut public, la loi nouvelle n'existerait pas.

Voilà pour la loi ; l'inconvénient est bien autre par rapport au pouvoir dirigeant. Qu'est-il ce pouvoir dirigeant qui, à double titre, doit se laisser bloquer dans votre enceinte continue ? C'est l'âme de notre unité politique ; c'est le cœur qui fait cir-

culer la vie dans toutes les parties du corps social;
c'est le moteur de notre action collective; c'est la
Providence humaine qui met à la disposition de
tous la force et l'intelligence de tous. Visible ou
invisible, immédiate ou médiate, l'action gouvernementale doit être incessante partout où il existe
un intérêt commun. Si, contre la volonté du gouvernement, son action s'arrête sur un point quelconque du domaine public, le gouvernement est in-
capable; si l'action gouvernementale est suspendue
par la volonté du gouvernement, la trahison est
possible; la trahison est manifeste si, par le fait
du gouvernement, son action s'arrête en présence
de l'ennemi.

Monsieur le premier ministre passé et futur,
vous avez confondu la personne du roi, son action
gouvernementale et notre nationalité, c'est-à-dire
le prêtre, le culte et la religion : vous voulez protéger la religion, et, à cet effet, vous ne trouvez
rien de mieux que d'empêcher le prêtre de dire
la messe !

Suivons ce procédé dans ses conséquences inévitables.

Selon vous, notre nationalité sera garantie dans
la personne de son représentant suprême que vous
mettez sous le verrou de l'ennemi; selon moi,
votre système de conservation va, directement et
en même temps, contre le but que vous nous pro-

posez et contre celui que vous vous proposez ; il tend à compromettre du même coup notre unité politique et l'existence politique du chef de l'État. Quand vous aurez emprisonné le roi, quand le gouvernement sera bloqué, quand l'action gouvernementale aura cessé en dehors des murs de Paris, lorsque enfin les départemens, abandonnés à eux-mêmes, seront privés de tête, c'est-à-dire de la pensée culminante qui seule et partout peut relier des forces éparses, où irez-vous chercher les facilités que vous promet notre décollation politique ? Vous n'en savez rien, n'est-ce pas ? Eh bien ! je vais vous dire où vous les trouverez. Quand le gouvernement sera bloqué dans Paris ; quand Paris sera devenu, non le royaume de France, mais le royaume de Paris ; quand les départemens abandonnés auront perdu le centre de l'action commune, leur premier soin sera d'en créer un nouveau pour leur usage exclusif ; la défense du royaume de Paris ne sera plus pour eux qu'une affaire de seconde importance, une affaire de bon voisinage. Il y a plus : l'intention du gouvernement étant connue d'avance, vous pouvez compter qu'on n'attendra pas l'investissement de Paris pour se concerter sur le choix des membres et les conditions d'existence du gouvernement éventuel. Ce travail de salut public commencera à l'heure même où vous mettrez Paris sur le pied de guerre, parce que l'action patente du gouvernement central révélera à tous l'approche d'un danger, danger que chacun pourra comprendre à sa manière, mais que vous serez forcé d'expliquer par l'éventualité d'une invasion. Au dehors, comme au dedans, tout sera prêt, aussi bien pour votre éventualité que pour une autre : on aura créé et organisé, sur le papier, le gouvernement éventuel chargé de fonctionner, au profit de quatre-vingt-cinq départemens, et à partir du jour où l'autre, délaissant cette portion de sa tâche, se bornera à fonctionner pour le royaume de Paris. Notez que ce gouvernement éventuel ne sera pas tenu de se cacher dans l'ombre, car il aura ses racines dans une loi de l'État. A l'heure de la crise, et à raison des embarras inévitables de tout établissement naissant, son action remplacera avec un immense désavantage l'action gouvernementale interrompue ; mais au point de vue de la défense du pouvoir royal, le gouvernement des quatre-vingt-cinq départemens pourra devenir d'autant plus redoutable que, légal, sans émaner du roi, il disposera de forces supérieures à celles du roi. Votre premier coup de canon lui donnera la vie réelle, que vous lui ôterez difficilement si Paris succombe, et que vous ne lui ôterez pas si vous avez tiré mal à propos.

Vous voyez, monsieur, que, bien loin de servir

quelqu'un, votre système est menaçant pour tout le monde. Il commencera par s'infirmer lui-même par son effet le plus immédiat; car le gouvernement de salut public qui, au point de vue de la défense commune, l'emportera de beaucoup sur le gouvernement emprisonné, aura sa rationalité dans les inconvéniens de votre enceinte continue. Il affaiblira ensuite quatre-vingt-cinq départemens, et finira par donner au gouvernement du roi la compétition, patente et légale, d'un gouvernement provisoire!

Ne répondez pas que le gouvernement bloqué retiendra sa puissance extérieure par le fil du télégraphe; l'ennemi, qui aura pu arriver devant Paris, saura bien se procurer une paire de ciseaux.

Et c'est pour protéger de pareilles énormités que vous mettez en avant le grand nom de Napoléon! Qui donc êtes-vous pour affirmer à la France que l'empereur, vivant, approuverait votre projet? osez le déposer sur sa tombe! osez dire à l'ombre de Napoléon que l'étranger vous empêchant de relever Huningue, vous allez, pour vous entretenir la main, le refaire à Charenton! osez dire à l'épée qui a vu naître cent mille décrets impériaux qu'en présence de l'ennemi le pouvoir suprême doit se croiser les bras! N'équivoquons point; il ne s'agit pas ici du commandement de l'armée, que le roi peut remettre à qui bon lui semble; il s'agit de l'action législative et de l'action exécutive de la couronne. Entendez-vous aussi déléguer cela? Dans ce cas, je le reconnais, votre roi provisoire infirmera de droit et remplacera de fait le gouvernement provisoire des quatre-vingt-cinq départemens : mais il n'est pas certain qu'en présence de l'ennemi le mandat donné derrière un mur puisse remplacer moralement l'élection populaire. Ce qui est certain, c'est que si le parlement fait usage du même procédé, la France sera régie et gouvernée par deux rois et quatre chambres ; nous aurons les lois du dedans et celles du dehors. Ce qui est certain, c'est que, pour pouvoir exercer ses fonctions, le roi provisoire devra commencer par se mettre à l'abri des éventualités de votre enceinte continue. Ce qui est certain, c'est que la position nouvelle du roi permanent faisant disparaître les paradoxes que vous invoquez pour retenir la personne royale à soixante-dix lieues de la frontière, le pouvoir abstrait du roi sortira par une porte au moment où son pouvoir délégué sortira par une autre ; et si vous ne sortez pas, monsieur, pour prendre le commandement de l'armée, Paris aura l'honneur de défendre la nationalité de la France dans votre personne.

Permettez-moi de faire une observation, non à

M. Thiers le stratège, mais à M. Thiers l'historien.
Le procédé au moyen duquel vous voulez défendre
la royauté d'origine élective est précisément celui dont on a fait usage pour découronner la royauté
d'origine féodale, et jadis la royauté fainéante.
Voyez Charles X, prince excellent, mais d'esprit
faible : son premier ministre lui a dit que, pour
garantir sa couronne des éventualités de l'invasion
des idées libérales, le roi devait lui donner carte
blanche, et se renfermer, avec son pouvoir abstrait, dans les ordonnances de juillet ; trois jours
après un gouvernement provisoire régnait sur la
France. — Voyez Childéric III, prince faible assurément, mais qui peut-être n'était pas sans ver-
tus : son maire du palais lui avait dit que, pour
garantir sa couronne des éventualités de la guerre
intestine, le roi devait lui laisser l'action gouvernementale, et se renfermer dans son pouvoir abstrait ; quelques momens plus tard, l'indice de la
souveraineté mérovingienne était remplacé par
l'enceinte continue d'un monastère, et le petit
Maire, réunissant l'abstraction à la réalité, fondait
une nouvelle race de rois.

A ce point de vue, votre projet manquerait encore de rationalité en ce sens qu'il peut s'accom-
plir à moins de frais : relevez Saint-Bertin, nom-
mez-vous Pépin le Bref ou Thiers le Bref, et tout
sera dit, pourvu qu'à votre tour vous ne vous

laissiez pas tondre ou cloîtrer par quelque nouveau Maire du palais.

Voulez-vous que je vous donne une recette encore plus économique ? faites-vous nommer premier ministre ; la chose vous est facile, et dites au roi : « Sire, ma proposition, renouvelée des maires
» francs : *le roi règne et ne gouverne pas,* vous avait
» retiré le pouvoir pratique dont vous venez de
» me revêtir à tort, à tort parce que votre majesté
» ne pouvait disposer de ce qu'elle n'avait plus.
» J'accepte néanmoins le fait accompli. Mais je dois
» faire observer au roi que c'est également à tort
» que ma proposition lui a laissé le pouvoir
» abstrait. Je viens de me rappeler qu'un théorème
» de 89 avait rendu le pouvoir abstrait à l'être
» moral formé de la collection de tous les citoyens,
» et j'ai dû mettre ma proposition en rapport avec
» le théorème de 89. Voici le produit : *La na-*
» *tion règne et le roi ne gouverne pas.* Veuillez
» bien, en conséquence, laisser là votre cou-
» ronne et vous retirer dans l'enceinte continue
» de Neuilly. »

Qu'en dites-vous, monsieur ? Ne pensez-vous pas que cette application purement morale du procédé grossièrement matériel de vos prédécesseurs francs ne l'emporte pas de beaucoup sur vos maçonneries de Paris ou de Saint-Bertin ? Ici point d'éclat et point de dépense : quelques mots et tout

sera dit, pourvu qu'à son tour votre seconde proposition ne se laisse pas modifier par quelque théorème postérieur à 89.

Je m'arrête; car j'ai promis de ne pas m'enquérir de votre but secret, et vous devez reconnaître
qu'en effet je me suis abstenu de plonger dans la
piscine des données équivoques. Je vous l'ai dit,
monsieur, pour repousser votre appareil semi-
politique et semi-belliqueux, il n'est pas nécessaire
de savoir ce que vous en voulez faire, il suffit de
prouver qu'on n'en peut faire rien de bon. Je l'ai
prouvé sous le rapport politique; je le prouverai
tout-à-l'heure sous le rapport militaire.

Mais avant je dois vous céder la parole; car, si vous
admettez avec moi que l'action gouvernementale
ne peut être interrompue sans péril pour la chose
publique et pour la chose royale, votre projet
tombe, et je n'ai plus rien à dire. Si, au contraire,
vous persistez à croire que la détention du gouvernement soit un moyen de gouvernement, il est
juste que vous fassiez entendre vos raisons. Je vous
remets les pièces dont je m'étais emparé : voilà,
roulant à terre avec le patriotisme de contrebande
qui lui servait de base, la vertu claustrale de votre
enceinte continue. Quant au syllogisme en règle
qui rattachait dextrement notre nationalité à
votre enceinte, le voici dans sa camisole de

force, c'est-à-dire tel que vous l'avez livré au public :

« La nationalité de la France doit être défendue
» à tout prix : or, le gouvernement porte, de moi-
» tié avec son siége, la nationalité de la France;
» donc Paris doit être fortifié pour mettre le gou-
» vernement et son siége à l'abri des éventualités
» d'une invasion. »

Voici enfin ce que cache votre camisole de forcé,
c'est-à-dire la substance du syllogisme torturé que
vous avez livré au public :

« Notre existence collective doit être défendue à
» tout prix : or, l'action centrale du gouverne-
» ment féconde notre existence collective; donc,
» en présence des éventualités d'une invasion, il
» faut arrêter l'action gouvernementale aux bar-
» rières de Paris. »

Vous, monsieur, qui découvrez tant de choses, je
vous défie de découvrir l'ombre d'une inexactitude
dans ma paraphrase. Vous, qui prétendez que le
pays répudie la défense de sa nationalité s'il n'accepte votre insidieux projet, je vous défie d'en ac-
cepter et d'en répudier la conséquence la plus immédiate. Répondez : Peut-on développer l'énergie
du corps social au moyen d'une enceinte matérielle
qui arrête temporairement la circulation de la
pensée législative ? En d'autres termes, la strangu-
lation momentanée peut-elle être un moyen de

salut? Si vous dites non, vous ne savez pas ce que vous avez fait; vous prenez le colosse de Rhodes pour la statue de la liberté. Si vous dites oui, vous prenez votre pont-levis pour le pont du Tibre : vous n'êtes pas aveugle, mais vous n'êtes pas un héros; vous vous nommez *Coclès* tout court. Si vous gardez le silence, votre enceinte continue cache ou le monastère que vous savez, ou le camp des Philistins. Vous n'êtes ni aveugle ni borgne, vous êtes *Pépin le Tondeur* ou *Dalila la Tondeuse*.

En attendant que vous ayez choisi votre rôle, je fais poser votre système au point de vue militaire, en laissant encore de côté les données équivoques, telles que les bastions, les demi-lunes, les embrasures, etc., entachés de politique. J'arriverai, je vous le promets, dans le camp retranché que vous a fait la négation de la vérité; mais j'y arriverai par voie indirecte. Vous autres, gens de guerre, vous appelez cela tourner la position.

Votre troisième axiome fondamental suppose, par cela seul qu'il s'agit d'y renfermer notre nationalité et le gouvernement, que Paris peut devenir une forteresse imprenable. J'en demande pardon à votre axiome fondamental, mais il n'y a pas de forteresse imprenable. Du reste, j'admets que le pouvoir dirigeant peut se renfermer à l'approche de l'ennemi. J'admets aussi qu'il doit se renfermer dans son siége actuel, et même, si vous l'exigez, que le gouvernement est une propriété matériellement incommutable de la ville de Paris.

A raison de ces deux hypothèses, l'enceinte de Paris contient deux choses à défendre, le pouvoir central et la ville. En présence de l'étranger, la chose de tous doit être défendue par tous et à tout prix; on peut, sans manquer de patriotisme, et on le doit si on le peut, limiter l'énergie des moyens à employer pour protéger des familles et des propriétés.

L'hypothèse de l'incommutabilité l'a emporté sur cette considération : votre projet amalgame les deux choses à défendre; il enchevêtre deux destinées, celle de la France et celle de Paris, qui, dans leur importance relative, sont l'une à l'autre comme 35 est à 1. Cette confusion admise en principe, il devenait indispensable, non seulement de donner une solution unique à deux questions de natures dissemblables, mais d'appliquer à l'amalgame, et conséquemment à la chose locale, les mesures extrêmes qui pouvaient convenir à la chose nationale. C'est précisément ce que vous avez fait, parce que vous avez bâti logiquement sur une erreur. Là se trouve, non le fait le plus anormal de votre projet, mais l'anomalie la plus saillante aux yeux qui n'ont souci de politique. Dans cet ordre d'idées, on se place où l'on vous croit placé, c'est-à-dire au point de vue de la défense commune, et l'on se demande, d'abord, si la tâche imposée à la ville de Paris n'est pas trop lourde par rapport à celle des départemens ; en second lieu si les misères que l'on prépare à la ville de Paris peuvent suffire à sa tâche.

Ainsi, la ville de Paris, qui, selon votre thème, n'est pas le but de la loi, qui n'a pas sa pensée dominante, apparaît uniquement pour compliquer la défense commune. M. Guizot disait, le 26 janvier : *Mettez le gouvernement hors de cause, et vous éloignez le danger.* Il devait ajouter : Mettez, le cas échéant, le gouvernement hors de Paris, vous le mettez hors de cause, et le projet que je vous recommande s'évanouit devant la réprobation générale.

Mais il y a plus : vos adhérens ne s'entendent même pas sur le choix des expédiens qui doivent compléter la vertu défensive de Paris. Selon les uns, l'or aplanira tous les obstacles ; selon les autres, si la ville de Paris ne suffit pas aux nécessités d'une défense opiniâtre, elle puisera, dans un exemple mémorable, la compensation héroïque de sa faiblesse relative.

Les uns et les autres se trompent : ces obstacles, que l'on croit renverser, soit à coups d'impôts, soit par un coup de tête auquel je donnerais un autre nom s'il pouvait être utile, ne disparaîtront devant aucun sacrifice ; car ils tiennent à deux circonstances de force majeure, à la présence d'une population considérable et à l'étendue de la surface qu'elle occupe.

Assurément, rien n'empêche, d'une manière absolue, d'entourer Paris des murs de Troie, et d'approvisionner pour dix ans ses bouches à feu et les autres ; mais je raisonne au point de vue du sens commun, et je soutiens que Paris, entouré de tous les ouvrages permanens que votre génie militaire pourra inventer, sera toujours la plus vulnérable de nos places fortes. Je me charge d'autant plus volontiers de vous en apporter la preuve que je rencontrerai dans mon chemin *quelque chose dont vous n'avez rien dit, quelque chose dont votre projet de loi devait parler,* et qui me sera fort utile quand je raisonnerai au point de vue de la fraude. Du reste, il est bien entendu que vous défendrez le gouvernement en présence de la population; car je ne suppose pas que pour maintenir, à soixante-dix lieues de la frontière, le gouvernement que l'on veut éloigner des éventualités d'une invasion, on imagine de déporter les habitans, et de rendre à nos vieux boulevards leur destination première. Or, après l'avénement de l'enceinte continue, la ville ou plutôt la place de Paris aura douze lieues de tour, et renfermera treize cent mille habitans. Suivez à l'œuvre le commandant d'une telle place.

Le talent et le courage ne suffisent point à la défense d'une place assiégée ; il faut encore que la vigilance du commandant ne puisse dans aucun cas être mise en défaut. Cela se peut dans toutes les places de guerre existant aujourd'hui ; nulle part le développement du périmètre n'est tel que le commandant ne puisse, en quelques minutes, se porter sur un point donné, ou y envoyer ses ordres. Mais ici, en admettant, ce que j'admets sans difficulté, que le chef de la défense laisse à d'autres le soin de relier les opérations des ouvrages extérieurs et celles de l'enceinte continue ; en admettant, ce que je n'admets pas, que l'action personnelle du commandant se puisse réduire à la visite quotidienne de tous les points de l'enceinte continue, il sera tenu de faire chaque jour un voyage de douze lieues, dont la durée dépendra des incidens de la visite et pendant lequel il se trouvera constamment à quatre lieues de l'un des points de sa ligne d'opération ! N'oubliez pas qu'il s'agit d'une place assiégée, et qu'après la reddition des forts détachés l'enceinte continue sera menacée, sinon attaquée, par tous les points à la fois. Ajoutez à cela que le Paris d'alors ne pourra, plus que celui d'aujourd'hui, être traversé par ses diamètres mathématiques.

Voulez-vous déléguer aussi le voyage quotidien pour retenir le commandant dans une position qui lui permette d'opérer, avec une égale promptitude, sur tous les points de sa ligne de défense? Dans ce cas, il ne verra rien par lui-même ; car sa place sera au centre de l'enceinte continue, c'est-à-dire à deux lieues en arrière de sa ligne d'opération !

A cela vous répondrez que le commandant de Paris aura de nombreux lieutenans. Personne n'en doute ; mais vous oubliez que la monarchie absolue a été inventée pour la guerre : nul autocrate couronné n'est investi, de fait, du pouvoir exorbitant nécessairement dévolu au commandant d'une place assiégée ; il peut au besoin faire sauter la place, et, dans tous les cas, la responsabilité, qui n'atteint que par voie indirecte la personne d'un monarque, repose directement et de tout son poids sur la tête et qui plus est sur l'honneur du commandant d'une place assiégée. Oui, sans doute, il a des lieutenans, des mandataires de sa volonté; mais, à raison de leur responsabilité relative et à raison de la formidable responsabilité du commandant, leur pouvoir est sans cesse obligé de remonter à sa source. Donnez cent lieutenans au commandant d'une place assiégée, vous aurez fait un Briarée, vous n'aurez pas doublé la tête.

Et s'il arrive que le chef suprême de la défense se trouve contrarié dans ses opérations, soit par la présence du roi, soit par l'intervention du ministre de la guerre : le commandant veut avoir recours à une mesure extrême ; le ministre s'y oppose, et la place est prise ! à qui la responsabilité? Si la France tombe avec Paris, le ministre aura pour châtiment les récompenses de l'ennemi ; mais si la France ne tombe pas?

Les inconvéniens inévitables du développement désordonné de la place n'atteindront pas seulement la personne du commandant; les mêmes difficultés se reproduiront dans le déplacement des troupes, et dans le service de l'arsenal et des poudres.

En ce qui concerne le déplacement des troupes, qui pourtant ne sera point aperçu du dehors, l'ennemi pourra, quand il le voudra, tourner à son profit l'embarras du dedans. Supposez la brèche ouverte aux deux extrémités du même diamètre : il fait nuit, vous n'apercevez pas plus les mouvemens de l'ennemi qu'il n'aperçoit les vôtres ; mais il a pour lui l'avantage de l'agression ; il connaît sa pensée, vous ne la connaissez pas. L'assaut est donné par les deux brèches ; l'une est sérieuse, l'autre n'est qu'une fausse attaque ayant pour objet de protéger l'assaut réel. Quel est l'assaut réel? Quel est l'assaut simulé? L'un avorte par la volonté des assiégeans, tandis que l'autre est poussé avec vigueur. Que fait le commandant? Il quitte le point dégagé et le dégarnit en partie au profit du point où l'ennemi tient bon. Le commandant et son renfort font quatre lieues! Mais l'avortement était lui-même une feinte ; après le départ du commandant et de son monde, l'assaut réel recommence avec une nouvelle vigueur. On fait quatre lieues pour donner au commandant avis de ce qui se passe! Il en fait quatre à son tour pour revenir avec des troupes sur le point sérieusement menacé! Sans doute vous aurez une réserve au centre; votre réserve répartira la difficulté sans la vaincre complètement.

Quant au service de l'arsenal et des poudres, je me borne, pour le moment, à vous rappeler que le point le plus rapproché de tous les points d'un périmètre, circulaire ou non, est le centre, et qu'ici le centre est à deux lieues de tous les points de l'enceinte continue!

Un illustre député a proposé de placer les poudres dans le fort Valérien. Vous n'avez rien répondu, monsieur, par la raison que cette disposition serait excellente si l'enceinte continue devait opérer en dedans et non en dehors. Mais le député dont je parle est l'homme de France auquel il est le moins possible d'attribuer une telle pensée : il n'a pas remarqué qu'à raison de cet arrangement, l'enceinte continue pourrait tomber avant d'être attaquée ; car elle défendrait tout, à l'exception de ses moyens de défense. L'inadvertance est manifeste : c'est une aberration introduite, par votre dextérité de premier ordre, dans une intelligence de l'ordre le plus élevé ; c'est une ombre anormale projetée sur le soleil par le char, très-anormal, d'un moderne Phaéton.

Du reste, il est à remarquer que la Chambre, après s'être épuisée à l'inspection de vos courtines et de vos embrasures, n'a pas songé à reporter sa sollicitude sur vos poudres. Il y a là une question qu'on ne pouvait trancher par : Vive la nation quand même ! Il vous a convenu de l'éluder sans bruit, j'y reviendrai sans bruit ; mais je doute, malgré les avantages que vous a départis la Providence, qu'il vous convienne alors de crier : Vive la nation quand même !

Je retourne aux difficultés que présentera la défense opiniâtre de Paris. Une défense de cette nature est matériellement impossible si le commandant ne peut, le cas échéant, se défaire des bouches inutiles. Ici l'inutilité à expulser se composerait d'un million d'individus ! Moïse n'en conduisait pas tant, et personne ne lui barrait le passage ! Gardez ce million de fâcheux, vous compromettez la défense : renvoyez-le, vous ne défendez plus *la ville* que vous deviez sauver par le moyen qui doit sauver le gouvernement et notre nationalité.

J'admets enfin que toutes les difficultés soient vaincues : la place est dégagée, le gouvernement est sauf, et vous n'avez expulsé personne. Que sont devenues les personnes que vous n'avez pas expulsées, et les bâtimens publics et privés que vous n'avez pu garantir des effets du bombardement?... Et c'est pour arriver à ce résultat, *que vous n'atteindrez pas*, que vous voulez incarner notre nationalité dans la personne de ses représentans, incruster les représentans dans leurs chaises curules, et sceller les chaises curules à la place où elles se trouvent ! C'est pour vous procurer gratuitement les immenses difficultés que présentera la défense d'une place dotée de douze lieues de tour et de treize cent mille habitans, que vous voulez interrompre l'action gouvernementale, affaiblir quatre-vingt cinq départemens, et donner à la royauté la compétition d'un gouvernement provisoire !

Monsieur, vous n'avez oublié qu'une chose. A votre forteresse fantastique, il faut un commandant fantastique ; je vous propose le coq gaulois. Sans doute, l'aigle a du bon, c'est la fortune militaire la plus fabuleuse des temps modernes ; mais le coq a pour lui la plus inexplicable des fortunes politiques nées de la révolution de juillet. D'ailleurs, l'aigle est compromettant : s'il ne tient guère à la liberté des autres, il tient beaucoup à la sienne. Il irait se poser sur vos tours et jetterait l'épouvante en Europe ; et s'il lui prenait fantaisie de planer sur votre *en cas,* ses ailes feraient invasion au-delà de nos frontières ! Le coq ! le coq ! je vote pour l'excellent bipède que vous torturez pour lui donner quelque chose de son prédécesseur ; je vote pour l'oiseau fantastique qui de loin porte la foudre, et de près tient dans ses pattes de la paille enflammée. Celui-là n'a rien de compromettant ; il pose partout et ne plane nulle part. Je présume que son ambition ne se borne pas à circuler dans la rue comme un simple particulier ; mais, avec lui, nous n'avons point à craindre qu'un regard convoiteux ou quelques plumes menaçantes portent la terreur à l'étranger. Sa vigilance est purement domestique : s'il se bat, c'est avec ses frères, avec les habitans de son enceinte continue. Quand l'heure de la trahison sonne, il chante trois fois ; mais je dois vous prévenir qu'un jour, l'heure de la trahison ayant été sonnée par l'un de vos prédécesseurs, les habitans, à leur tour, ont chanté trois fois.

Pour sortir de votre édifice fantastique, où l'on ne peut circuler sans se heurter à un non-sens ou plutôt à un contre-sens, il suffit de scinder la question complexe que vous prétendez résoudre par *oui* ou par *non* ; il suffit de considérer séparément, et pour les rattacher aux destinées de la France, la chose morale et la chose matérielle que vous unissez à dessein. Il faut, en un mot, statuer d'abord sur la défense du pouvoir central au point de vue politique, et ensuite sur la défense de Paris au point de vue militaire.

On sera d'accord sur le système à adopter pour la défense de Paris, le jour où l'on aura reconnu que, dans aucun cas, le roi et les chambres ne doivent se trouver sous la clef de l'étranger, et que, hors le cas de force majeure, l'action gouvernementale ne doit nulle part être interrompue. Le système de M. le maréchal Soult convient parfaitement : en sacrifiant sa pensée à la vôtre, en permettant à vos maçonneries de prendre la place de ses camps retranchés, M. le ministre de la guerre a pris le plus pour le mieux. Ici, le mieux n'existait pas, et le plus était contraire au bien.

Quant aux mesures qui doivent rendre efficace la translation éventuelle et provisoire du gouvernement central, elles ne présentent aucune difficulté. Que la couronne soit ou non investie du pouvoir dictatorial, que les chambres suivent ou non le roi et les ministres, il suffit d'approprier d'avance une ville de l'intérieur, et dans l'hypothèse du plus grand déplacement, aux nécessités d'une résidence gouvernementale. Ce point réglé,

le reste est une affaire de détail du ressort de l'administration des relais et de l'administration des
télégraphes. Aujourd'hui, le réseau des relais et le
réseau des lignes télégraphiques ont pour attache
commune la ville de Paris : modifiez d'avance, sur
le papier, le réseau des relais et le réseau des lignes
télégraphiques, de manière à rapporter l'un et
l'autre au centre éventuel de l'action gouvernementale ; vous ferez, pour le compte du gouvernement,
et avec son secours, ce que les quatre-vingt-cinq
départemens abandonnés feraient pour leur compte
et sans le secours de personne, si l'action gouvernementale s'arrêtait aux portes de Paris. Le choix
de la résidence éventuelle est également facile.
Choisissez ou construisez *ad hoc* ; faites, si vous le
voulez, une forteresse imprenable, mais à condition que le pouvoir dirigeant optera entre une nouvelle résidence ou nos rangs, si, par impossible,
la résidence de guerre était à son tour menacée
d'un siége. Encore une fois, c'est l'action gouvernementale qu'il s'agit de sauver avant tout, si vous
voulez réellement venir en aide à notre existence
politique et à la royauté.

Un journal a dit qu'en quittant Paris, le pouvoir
dirigeant jetterait le découragement dans la France.
Oui, peut-être, s'il partait à l'improviste et en
désordre : non, si la translation s'opère en vertu

d'une loi votée, sanctionnée et promulguée d'avance; et quand il sera connu de tous que le pouvoir dirigeant n'abandonne les facilités gouvernementales de Paris que pour les retrouver ailleurs.

On a dit aussi qu'en quittant Paris, le gouvernement laisserait le champ libre à ses ennemis. De quel champ veut-on parler? S'agit-il des rues? Il me semble que ni le roi, ni les Chambres, ni le conseil des ministres, ne sont dans l'habitude de monter la garde et de faire des patrouilles. S'agit-il des moyens d'action propres au gouvernement? En dernière analyse, à quoi se réduisent, au-delà des barrières de Paris, les moyens d'action du gouvernement ? A la malle-poste et au télégraphe, que le gouvernement emporterait dans sa nouvelle résidence.

Cette proposition est très-peu poétique, mais elle a pour elle la vérité que vous avez remplacée, par deux mensonges, dans votre proposition royale et gouvernementale : *le roi règne et ne gouverne pas.* En voulez-vous la preuve? Jetez votre proposition au creuset, vous apercevrez d'abord une exagération monarchique, puis une exagération démagogique. Pour rester dans le vrai, il fallait dire : *le roi règne* FICTIVEMENT *et ne gouverne pas* SEUL. Mais il vous a convenu d'oublier deux mots pour pouvoir, de la même main, caresser Louis XIV et Robespierre. — Poursuivons. Quel est le souverain abstrait représenté par le roi? La collection politique, la nation. Avec quoi et avec qui le roi gouverne-t-il? Avec la loi et les ministres responsables. Par quel moyen la loi, le roi et les ministres responsables exercent-ils leur action ordinaire au-delà des murs de Paris? Au moyen de la malle-poste. Donc, une abstraction règne et la malle-poste gouverne.

Sous la forme bizarre de cette proposition, vous trouverez, monsieur, ce qui manque aussi bien à votre nationalité qui se blottit dans une ville, qu'à votre roi qui règne et ne gouverne pas. Sans doute, j'ai poussé la vérité jusqu'à ses dernières limites; mais je ne l'ai pas remplacée par les amplifications courtisanesques qui boursouflent vos deux propositions.

Je reviens à la dernière. J'ai prouvé qu'elle n'était pas moins absurde au point de vue militaire qu'au point de vue politique; mais je n'ai pas mis votre but secret à découvert. Je ne l'ai pas voulu; car je l'ai touché : j'attendais, avant de parler, le résultat de l'interpellation que j'ai pris la liberté de vous adresser. Puisque vous gardez le silence, votre enceinte continue cache ou le monastère que vous savez, ou le camp des Philistins. Je vais vous dire si vous en voulez à la couronne ou à la liberté.

Votre enceinte continue est, *par elle-même*, la chose du monde la plus innocente :

Premièrement, tant que l'étranger ne menacera pas nos frontières, l'enceinte continue sera complétement désarmée, et cela parce que l'absence des éventualités d'une invasion constituera, pour elle, le pied de paix. Si, en l'absence des éventualités d'une invasion, vous essayiez de mettre une seule pièce en batterie, la ville comprendrait que l'ennemi dont il s'agit n'est pas l'étranger.

Secondement, en admettant que, d'une manière ou d'une autre, votre enceinte continue se trouve armée, qu'en ferez-vous? vous retournerez vos pièces, et vous tirerez à découvert comme en rase campagne? Sur quoi tirerez-vous? sur les maisons qui vous feront face? Mais pour tirer utilement, il faut tirer logiquement, et vous n'avez pas pour but de démolir les maisons qui vous feront face. D'ailleurs, pour que l'artillerie soit puissante dans un amas de bâtimens, il faut qu'elle enfile les grandes lignes de communication. Voulez-vous déplacer à bras vos pièces de siége? vous le pouvez, mais vous vous créez gratuitement des difficultés ; Vincennes peut vous envoyer, dans une heure, des pièces attelées et bien autrement faciles à manœuvrer que des affûts de siége.

Troisièmement, en admettant que vous teniez à vous créer des difficultés, voulez-vous conduire vos pièces de siége en face des grandes lignes qui aboutiront aux remparts ? la population insurgée vous laissera fonctionner aux débouchés des remparts, et elle ira fonctionner dans l'intérieur de la ville. L'insurrection rentrera, quant aux moyens de répression, dans la condition de celles que nous avons vues.

On peut donc affirmer que votre enceinte continue ne jettera ni un boulet ni une bombe dans la ville. Je le répète, de ce côté, elle est impuissante *par elle-même.* La Chambre, eût-elle prolongé son inspection, n'aurait rien trouvé de blâmable dans la forme des courtines. Cependant l'enceinte continue cache un piége! Elle ne peut jeter ni boulets ni bombes dans la ville ; mais elle y introduira, forcément et logiquement, nécessairement quelque chose qui jette tout cela. En un mot, l'enceinte n'est pas l'ennemi ; mais elle le porte dans ses flancs!

Vos deux mille six cents bouches à feu, où les mettrez-vous quand la place sera désarmée, c'est-à-dire quand l'étranger ne menacera pas nos frontières ? Où placerez-vous également vos projectiles, vos pièces de rechange, vos ateliers et tout ce qui constitue le matériel d'un arsenal ? Où placerez-vous enfin l'énorme approvisionnement de poudre que réclame votre gigantesque armement ? au dehors ? Vous reconnaissez donc que vous n'avez point en

vue l'ennemi du dehors. J'admets très-volontiers
qu'en temps de paix, de paix pour Paris, vous fassiez sortir de la place vos poudres et même tout
votre attirail de guerre ; mais, sur ce point,
comme sur les autres, vous ne pouvez atten-
dre l'approche de l'ennemi pour vous prémunir
contre les éventualités d'un siége. Ainsi, votre
arsenal doit s'élever d'avance, en prévision des
éventualités de la guerre ; et, la guerre finie, il
devra rester debout, en prévision des éventualités
de l'avenir.

Ce n'est pas tout. Vous le savez, monsieur, et,
au besoin, Saint-Jean d'Ulloa et Saint-Jean d'Acre
seraient là pour vous l'apprendre, il suffit d'une
bombe heureuse pour faire sauter une forteresse
et livrer ses débris aux assiégeans. Il importe donc,
quand la chose est possible, de placer les poudres
de siége au-delà de la portée du feu ennemi. Ce
que vous savez certainement, c'est que le diamètre
de votre enceinte continue vous permet, et par
conséquent vous commande de placer votre arsenal
à plus d'une portée de bombe en deçà de votre
enceinte.

Ce n'est pas tout encore. Dans une place de
guerre, dans une ville qui peut être assiégée, il
faut aussi, quelque dégagé que l'on soit de toutes
préoccupations politiques, se prémunir contre les
violences de l'intérieur. Le patriotisme le plus ar-

dent n'est pas toujours disposé à mourir de faim ;
tel, d'ailleurs, qui résiste personnellement à toutes
les misères d'un siége, se laisse abattre par le dé-
nument et le désespoir de sa famille. On doit donc
tenir compte aussi des éventualités d'une insurrection qui tendrait à faire capituler la place ; en
un mot, il est indispensable d'armer l'arsenal.

Pensez-vous qu'avec un petit nombre de bouches
à feu votre arsenal puisse se garder des agressions
de la faim ? Je l'admets ; mais vous admettrez à
votre tour que la garnison ne doit pas se rendre,
par cela seul que l'ennemi aurait pénétré dans le
corps de la place. Une forteresse de quelque importance est armée, dans l'intérieur, d'un dernier
retranchement. Ce dernier retranchement, c'est
le désespoir qui le défend ; c'est la victoire qui
l'attaque. Votre arsenal devra donc, au lieu du
faible armement qui n'aurait pour objet que de
repousser les assiégeans du dedans, recevoir l'armement le plus formidable en vue d'arrêter l'ennemi victorieux. Alors il changera de nom, et,
à raison du développement gigantesque de la
place, il deviendra lui-même une forteresse. Cette
forteresse, qui ne peut, après la guerre, rentrer
dans l'arsenal qu'elle recouvre ; qui doit être
placée à plus d'une portée de bombe en-deçà de
l'enceinte continue ; qui doit être construite en
vue de seconder le dernier effort des assiégés

et de repousser le dernier effort de l'ennemi ; cette forteresse, qui aura sur toutes les forteresses politiques l'avantage d'être armée au point de vue de la guerre, vous l'appellerez une citadelle !

Oui, monsieur, vous vous passerez la citadelle permanente et formidable ; cat elle est la conséforcée du développement de votre enceinte, et, si la puissance du faii accompli ne suffisait point à l'introduire dans la place, la logique elle-même viendrait en aide au cheval de Troie. Si vous dites non, vous ne savez pas encore ce que vous avez fait : vous prenez votre enveloppe de pierre et de bronze pour celle de l'Angleterre. Celle-là, monsieur, est l'œuvre d'une intelligence que je crois supérieure à la vôtre ; si elle s'affaisse, elle se relève d'elle-même, et si quelque chose la traverse ou la déchire, brèche ou déchiremens disparaissent aussitôt. Vous n'avez pas encore la toute-puissance divine : je doute même que vous ayez celle d'Amphion ; mais souvenez-vous d'Arachnée : elle aussi tendait des piéges ; et bien loin de borner sa tâche à la création de son œuvre miraculeuse, elle portait elle-même sur les lieux la chose matérielle qui devait boucher les trous et remettre l'appareil en bon état.

Voulez-vous maintenant que je vous dise contre qui est dressé le vôtre ? Cette indication ressort, non de vos paroles, mais de votre silence. Par cela seul que vous vous êtes abstenu de signaler au public le complément logique, nécessaire, indispensable de votre système de défense, il est évident que le complément logique renferme une pensée déceptionnelle; et, comme vous n'êtes pas encore ministre, il s'agit nécessairement de nous. C'est là votre but secret. Je vous ai prouvé que l'autre ne valait pas mieux : je vous ai mis en demeure de nier le danger que présentera, pour notre nationalité et pour l'autorité royale, l'enceinte continue avouée par votre projet de loi; je vous défie de nier le danger, pour la liberté, que présentera la citadelle dont vous n'avez rien dit? Avec des paradoxes, on peut, à la rigueur, sauver une mauvaise parole ; mais on ne refait pas le silence.

Où placerez-vous votre citadelle ? Je vais vous le dire encore ; car sa place est marquée par la disposition des lieux : vous l'élèverez là où vous avez élevé la colonne de juillet. Alors, le passé renaîtra de ses cendres ; le coq qui chante fera place à l'autre ; vos aveugles ouvriront les yeux; et le chef de vos Carthaginois pourra mander à ses amis du dehors : « L'ordre règne dans Paris, le génie de la » liberté est à la bastille ! »

— Oui, mais il a des ailes, et Spartacus n'est pas loin...

FIN.

IMPRIMERIE DE Mme Ve DONDEY-DUPRÉ, Rue Saint-Louis, 46, au Marais.